AF338021

DE LA

CENTRALISATION POLITIQUE.

DE LA
CENTRALISATION POLITIQUE.

DISCOURS

PRONONCÉ PAR M. A. FOUCHER DE CAREIL

AU CONGRÈS

DES DÉLÉGUÉS DES SOCIÉTÉS SAVANTES

SALLE BONAPARTE A PARIS

Le 26 avril 1865.

PARIS

IMPRIMERIE DE AD. LAINÉ ET J. HAVARD,
Rue des Saints-Pères, 19.

1865

CENTRALISATION POLITIQUE.

Je vous disais, Messieurs, il y a quelques jours, que l'art traversait en ce moment l'une des crises les plus redoutables de son invisible existence, et j'étais amené à vous énumérer les maux dont il souffre.

Mais, Messieurs, il ne suffit pas d'indiquer le mal, il faut encore savoir en discerner les causes. Les arts et les lettres, après tout, c'est le superflu du cœur et de l'esprit d'un peuple heureux et libre. Or n'auriez-vous pas le droit de m'arrêter et de me dire : « Que nous parlez-vous toujours du superflu, à nous qui n'avons pas le nécessaire ? N'est-il pas au moins intempestif de ramener notre attention sur ce théâtre qui ne nous offre en ce moment que le spectacle languissant d'un art énervé, alors que le monde moral nous offre un intérêt plus immédiat et que l'esprit d'examen philosophique est si vivement excité par les circonstances actuelles à s'occuper de la plus accomplie de toutes les œuvres d'art, nous voulons parler de l'édifice d'une véritable liberté politique? »

Je me suis laissé persuader par ces raisons et je vais rechercher avec vous les causes morales qui s'opposent dans ce pays à l'établissement de la liberté politique. Je n'ai pas besoin de vous dire que je le ferai, sans sortir des limites qui me sont tracées et en me tenant sur le terrain des principes.

Il y a, Messieurs, deux écoles de gouvernement qui se disputent le monde.

L'une, qui est l'école anglaise, l'école de Stuart Mill, consiste à dire que l'homme peut et doit se gouverner lui-même (*self government*), et que la meilleure forme de gouvernement serait celle qui appellerait la communauté entière à statuer en dernier ressort sur toutes les choses d'intérêt général, c'est-à-dire à exercer dans toute sa plénitude la souveraineté effective (suffrage universel avec représentation des minorités).

L'autre école, qui lui est directement opposée et qui est surtout celle de certains hommes d'État français, prétend que l'homme doit être gouverné et administré de plus en plus, et cela par le progrès même de la civilisation ; que la complication des intérêts qui en résulte, jointe à l'effervescence démocratique, rend le gouvernement d'un seul de plus en plus nécessaire (suffrage universel dirigé par la centralisation administrative et politique).

Messieurs, je ne parlerai pas de la première de ces deux écoles, parce qu'en admettant qu'elle soit elle-même trop excessive dans son principe et dans ses conséquences, il me semble que le temps n'est pas venu pour nous de la discuter et de la combattre, et que l'utopie d'une forme politique parfaite, sorte de république idéale où la souveraineté serait collective en fait, et non plus simplement en droit, n'est pas pour le moment, du moins en France, le péril de la liberté.

Il en est tout autrement de la seconde théorie. C'est la thèse de la centralisation politique, la théorie des pouvoirs forts. Celle-ci, nous la rencontrons tous les jours sur notre chemin : elle a gagné parmi nous, dit-on, des républicains et des démocrates eux-mêmes, elle fait école à l'étranger, elle mérite donc d'être examinée de près.

Un homme d'État, fameux par un récent discours prononcé devant un de nos conseils généraux, ne disait-il pas hier encore : « La centralisation politique, c'est la gloire de la France. Arrière qui voudrait y porter la main ! »

Certes, Messieurs, je suis loin de nier les mérites de la centralisation politique, et je n'ai nulle envie d'y porter la main, mais j'ai eu la curiosité de soumettre les doctrines de cet homme d'État à un rigoureux examen, et voici ce que j'ai trouvé :

La centralisation politique est une très-
grande force pour un grand pays comme la
France, mais c'est précisément parce qu'elle
est une très-grande force, que, lorsqu'elle
s'exagère à son insu, peut-être, elle peut de-
venir un très-grand danger.

Ainsi, pour prendre quelques exemples, lorsque la centralisation politique est telle qu'elle
dirige l'opinion publique au lieu d'en recevoir
les inspirations et de les contrôler, c'est un
danger même pour la stabilité de l'édifice politique qui repose sur cette unique base.

Lorsqu'elle se croit en droit et en mesure de
détenir longtemps certaines libertés nécessaires
à la manifestation de cette opinion et à la vérité
de la représentation nationale, c'est encore là
un danger très-grave.

Enfin, lorsque cette centralisation politique
exagérée a besoin pour se soutenir d'énormes
ressources, tandis que les pays de liberté
politique nous offrent le spectacle contraire
de l'économie dans les finances, permettant de
réaliser d'importantes réductions de taxes, n'y

a-t-il pas encore là un des périls de la centralisation politique?

Si c'étaient là, Messieurs, les rêves d'un philosophe, je comprendrais qu'on n'en tînt pas de compte, mais c'est la leçon de l'histoire, et, quant à moi, je le déclare, c'est le passé qui me rend défiant pour l'avenir.

On oppose sans cesse aux partisans de la liberté politique (et cela fait même partie du programme d'enseignement dans nos lycées), on oppose l'histoire des erreurs, des Odyssées de la monarchie constitutionnelle, trop semblable en effet à cet Ulysse *qui se fuit en se cherchant lui-même.*

Qu'on nous permette donc d'opposer aux partisans d'une excessive centralisation politique les erreurs du gouvernement personnel en la personne de son plus auguste représentant, du grand roi Louis XIV.

Comment Louis XIV comprenait-il le devoir du prince?

Ah! sur ce point, la lumière s'est faite, grâce à une foule de publications historiques excellentes dont nous ne saurions trop remercier les auteurs.

Eh bien! Messieurs, voici comment Louis XIV, qui fut d'ailleurs un très-grand roi (je ne le conteste pas), entendait les devoirs du prince d'après ses mémoires cités par Cheruel :

« La volonté de Dieu, écrivait-il en 1666, est que quiconque est né sujet obéisse sans discernement.

« L'assujettissement qui met le souverain dans la nécessité de prendre la loi de ses peuples, est la dernière calamité où puisse tomber un homme de notre rang.

« Ces corps formés de tant de têtes (c'était son peuple dont il voulait parler) n'ont point de cœur qui puisse être échauffé par le feu des belles passions. »

Et un grand évêque, voulant résumer ces maximes de politique pour l'enseignement du Dauphin, écrivait :

« Le prince, en tant que prince, est un personnage public ; tout l'État est en lui ; la volonté de tout le peuple est renfermée dans la sienne. Comme en Dieu est réunie toute perfection, toute la puissance des particuliers est réunie en la personne du prince. Je ne sais quoi de divin s'attache à lui et inspire la crainte aux peuples. O Rois, exercez hardiment votre puissance, car elle est divine et salutaire au genre humain... Vous êtes des dieux ! »

Pénétré de pareilles maximes, Louis XIV abaissa les parlements, ne convoqua jamais les États généraux ni les notables, et établit le règne des intendants sur les ruines des libertés locales : ce qui était la destruction même de tout principe représentatif.

Voilà le principe de la centralisation politique, pris sur le fait. Voyons-en maintenant les conséquences.

Messieurs, le monde politique a ses lois comme l'autre. Si grande que soit la confusion qu'il présente aux yeux de l'observateur superficiel, ce mouvant tableau de l'histoire se

ramène toujours à quelques principes très-
simples. Vous venez de voir ceux qui diri-
geaient l'âme du grand Roi. Voici maintenant
les effets qu'ils produisirent.

Le monde moral, sur lequel repose le monde
politique, est lui-même fondé sur trois grandes
idées : l'idée de Dieu, l'idée de l'âme humaine
et l'idée de la société.

Voyons ce qu'étaient devenues ces trois
grandes idées sous le règne de la centralisation
politique la plus exagérée que le monde ait
vue.

L'idée de Dieu! Messieurs, cette idée que le
siècle avait reçue, pour ainsi dire, toute vive et
comme la marque de l'ouvrier sur son ou-
vrage, des mains de Descartes, qu'était-elle
devenue dans les mains de Louis XIV ? Elle
s'était affaiblie, non-seulement dans l'âme du
souverain où elle se confondait avec la supers-
tition et l'idolâtrie de soi-même, mais dans
l'âme des sujets où elle avait fait place au
doute et à l'indifférence, à ce point que Leibniz, dès la fin du dix-septième siècle, pré-

voyait les audaces de pensée du dix-huitième, et voyait naître (ce sont ses propres paroles) un siècle où l'athéisme, gagnant de proche en proche et sortant des écoles, serait professé publiquement dans le monde.

Et l'idée de l'âme humaine, Messieurs, c'est l'idée de la liberté même, sans laquelle l'homme ne se distinguerait pas des animaux. Qui pourrait dire qu'il subsistait encore quelque notion de cette idée dans l'âme de Louis XIV qui immola la liberté de conscience en la personne des protestants, et la liberté de penser dans celle des cartésiens? En tout cas, la nation, déjà frémissante sous le joug, allait, elle, la pousser jusqu'à la licence, et Leibniz, merveilleux observateur de cette marée de l'esprit, présageait en 1704 la Révolution finale qui viendrait châtier le monarque absolu dans ses descendants, puis qui, se corrigeant elle-même par l'excès de son principe, ramènerait des formes politiques plus douces et plus humaines. Mais il faut citer cette étonnante prédiction dans le texte.

« Des opinions approchantes (les opinions contraires à l'existence de la Providence et de la responsabilité dans l'autre vie), s'insinuant peu à peu dans l'esprit des hommes du grand monde, qui règlent les autres et dont dépendent les affaires, et se glissant dans les livres à la mode, disposent toutes choses à la révolution générale dont l'Europe est menacée, et achèvent de détruire ce qui reste encore dans le monde des sentiments généreux des anciens Grecs et Romains, qui préféraient l'amour de la patrie et du bien public et le soin de la postérité à la fortune, et même à la vie. Ces *public spirits*, comme les Anglais les appellent, diminuent extrêmement... et ils cesseront davantage quand ils cesseront d'être soutenus par la bonne morale et par la vraie religion que la raison naturelle même nous enseigne... On se moque hautement de l'amour de la patrie; on tourne en ridicule ceux qui ont soin du public, et, quand quelque homme bien intentionné parle de ce que deviendra la postérité, on répond : Alors comme alors ! Mais il pourra arriver à ces personnes (les grands) d'éprouver elles-mêmes les maux qu'elles croient réservés à d'autres... Si cette maladie d'esprit épidémique va croissant, la Providence corrigera les hommes par la révolution même qui en doit naître, puis la révolution se corrigera elle-même par l'excès de son principe, car, quoi qu'il puisse arriver, tout tournera toujours pour le mieux en général... quoique cela ne doive et ne puisse arriver sans le châtiment de ceux qui ont contribué même au bien par leurs actions mauvaises [1]. »

Restait la société, cette société qui a charmé tant de beaux esprits, mais qui n'était plus à la fin du siècle ce qu'elle avait été à son aurore. Ah ! n'y jetons pas un œil trop curieux avec Saint-Simon et Bussy Rabutin : Tacite seul nous offrirait de semblables peintures !

Voilà, Messieurs, les effets de la centralisation politique exagérée sous le plus grand Roi qu'ait eu la France. Elle avait affaibli, miné et

---

[1] *Nouveaux Essais*, l. IV.

détruit ce beau siècle, l'un des plus beaux que le monde ait vu.

Mais croyez-vous par hasard que, en changeant de siècle, les maux de la centralisation s'effacent et disparaissent ou bien même qu'ils s'amoindrissent, et si, nous laissant aller à cette pente qui entraînait Leibniz, nous voulions prédire dès à présent avec une sorte de certitude les maux dont la fin de ce siècle est menacé, ne pourrions-nous pas les résumer dans cette triple formule qui contient tout sous une forme éminemment philosophique : Athéisme, fatalisme et socialisme?

Oui, Messieurs, si la France, au lieu de suivre la tradition libérale qui a fait la grandeur et la beauté des civilisations antiques et modernes, se laisse façonner, comme une cire molle, par la pensée monarchique absolue, on peut prédire avec une sorte de certitude qu'elle repassera fatalement par ce triple abîme de la Pensée et de la Raison : l'Athéisme, le Fatalisme et le Socialisme, et qu'elle verra se rouvrir ainsi l'ère des révolutions que l'on croyait fermée. Car, Messieurs, la route qu'elle suit est connue et elle est semée des mêmes écueils aujourd'hui qu'autrefois.

L'idée de Dieu est en péril aujourd'hui dans les âmes : et ce péril, plus grand qu'on ne pense, est un des signes du temps présent. Le Dieu personnel et libre, ébranlé dans les consciences, tend à disparaître de l'histoire pour faire place à je ne sais quelle fatalité ma-nifeste que les politiques ont surnommée la *force des choses*, et l'Europe se sent menée par elle à son insu vers l'état anarchique, dernier terme de ce progrès dans l'absence de prin-cipes. Les politiques et les diplomates ne croient plus qu'à la force, et les conquêtes de la science elle-même, détournées de leur but légitime, semblent autoriser cet excès. Ou bien, si Dieu reparaît dans l'histoire, c'est avec un tel cortége de doctrines fausses et de hiéro-phantes suspects, que la raison confondue se demande si le surnaturel, attaqué dans la sphère religieuse, s'est réfugié dans la politique. Où peuvent conduire en effet ce culte des héros, renouvelé de la Grèce par une mythologie complaisante, cette croyance au Messie, détournée de son but et allant se perdre dans les rêves de je ne sais quel nouveau messianisme, cette apothéose calculée des trois grands fondateurs d'Empire et cette nouvelle Épiphanie de Dieu dans l'histoire avec des traits qui le rabaissent au rôle de Providence terrestre, incarnée dans un homme?

Messieurs, la souveraine beauté et la suprême vérité se sont incarnées dans un homme, il y a dix-huit siècles, mais ce fut pour conquérir les hommes à la vivifiante doctrine de la liberté des âmes et non pour les soumettre à l'influence énervante de la fatalité!

Mais, Messieurs, si l'idée de Dieu est en péril, le danger est plus grand encore du côté de l'âme humaine ouverte, comme une place démantelée, à toutes les influences du dehors et du dedans.

Messieurs, la liberté a contre elle la ligue de trois puissances ennemies : le despotisme qui la ruine du dehors, le vice qui la ruine au dédans, et enfin le fatalisme qui voudrait la détruire dans son principe même.

Et ici, Messieurs, je ne puis songer sans une amère tristesse à cette renaissance du fatalisme historique, qui voudrait s'imposer à la conscience du genre humain comme un dogme nouveau.

Cette doctrine, je la croyais vaincue et condamnée par le progrès des sciences historiques. Je la croyais jugée par le bon sens public. Mais puisqu'elle reparaît et qu'elle s'affirme de haut avec le double prestige du talent et du pouvoir, il faut bien la combattre au nom de la Raison et de la Liberté qu'elle menace également. Car l'appel à la fatalité fut toujours le signe de la décadence.

Voyez l'Asie et ses empires colosses qui pèsent, depuis des milliers d'années, sur le globe, d'un poids inutile et oppressif. Là se sont acclimatés tous les despotismes de l'âme et du corps, depuis l'Inde domptée par quelques régiments anglais jusqu'à la Chine endormie par l'opium. Pourquoi jamais un souffle de liberté n'a-t-il pu traverser ces grands corps dont nul n'a pu dire :

Mens agitat molem et magno se corpore miscet?

C'est qu'ils gisent sous le joug de l'antique fatalité dont ils n'ont jamais su s'affranchir, comme le Turc, campé sur le Bosphore, qui vous montre avec une résignation stupide la porte de Constantinople par laquelle il sera chassé d'Europe et qui ne songe ni à prévoir ni à retarder l'événement, parce que *cela est écrit !*

Pourquoi l'Europe, au contraire, s'est-elle affranchie ? Pourquoi la Grèce, au lieu d'être un prolongement inerte de l'Asie, est-elle devenue la maîtresse de la civilisation ? Ah ! c'est qu'elle s'est affirmée dans son droit et sa liberté en face de l'Orient ! C'est qu'elle a brisé ce joug honteux qui perpétuait le despotisme ! Et elle en a été récompensée par cette magnifique éclosion du génie grec, par cette belle floraison des lettres et des arts, par cette grande école des orateurs et des politiques.

La Grèce affranchie, Messieurs, a éclairé le monde : puis elle a passé le flambeau de la civilisation à Rome, cette sœur plus virile et plus fière, qui a été la reine du monde, tant qu'elle a été maîtresse d'elle-même et digne de la liberté. Mais un jour est venu où Rome, à son tour, a courbé sa tête sous le joug humiliant de la fatalité, qui ne paraissait point fait pour un front couronné par la victoire, et Rome a connu ces jours néfastes où les sages et les politiques eux-mêmes ne trouvaient d'autre issue que la mort volontaire ou le suicide, contre cette divinité jalouse qui opprimait le monde. Qui a perpétué la longue tyrannie des Césars? Qui a rendu possibles les Tibère, les Néron, les Caligula, les Commode, les Domitien, les Héliogabale, sinon le sombre fatalisme historique auquel la philosophie stoïcienne elle-même n'avait pu arracher l'âme de ses disciples?

Faut-il opposer maintenant à la Rome des Césars l'Italie du moyen âge, si vive, si brillante, si animée? Pourquoi a-t-elle étonné le monde par son génie, par son charme, par ses grâces, par ses renaissances successives? Pourquoi peut-elle revivre encore? Ah! c'est qu'elle a été une école de liberté politique et de vie municipale.

Faut-il passer l'Atlantique et vous montrer sur ce continent américain, troublé par la guerre civile, désolé par l'assassinat politique, ce que peut faire la liberté pour enfanter les États à la vie civile, à la liberté politique et religieuse, pour les racheter de l'esclavage au prix d'une rançon terrible, puis pour en faire de nouveau, après les perplexités fécondes de la lutte et de l'épreuve, l'étonnement et la gloire du monde? Ah! Messieurs, ne nous laissons pas aveugler par tant de sang versé au point de maudire la liberté! Car la liberté seule guérit les blessures qu'elle fait, seule elle peut réparer ce qu'elle a créé, détruire les obstacles qui lui sont opposés, et après avoir suscité l'Amérique, la sauver et le monde avec elle.

Et nous, Messieurs, car il nous sera bien permis de faire ce retour sur nous-mêmes;

s-nous toujours été du parti de la liberté
·e la fatalité, de la Grèce de Périclès con-
Rome des empereurs, de l'industrieuse et
cratique Florence contre Naples, la vo-
euse esclave de tant de dynasties, et, pour
dire enfin, du parti de la liberté américaine
·e les partisans de l'esclavage? N'y a-t-il
ussi dans notre histoire après des efforts
orables et des élans sublimes vers la pleine
ssion de nous-mêmes de tristes retours et
ages tachées de sang où le fatalisme re-
d son empire, parce qu'il est toujours pour
euples, comme pour les particuliers, la
on de leurs fautes?

ilà les œuvres du fatalisme en présence
lles de la liberté. Toujours l'un fut une
rine d'anéantissement pour les peuples et
les âmes, et toujours l'autre fut une doc-
de rajeunissement et d'immortalité.

t, si maintenant, de ces hauteurs théoriques,
s descendons sur le terrain des faits, qu'y
ons-nous? Une société profondément mi-
jusque dans ses bases: d'une part, des as-

pirations énergiques et longtemps contenues qui tendent à se faire jour, de l'autre, le spectacle de la langueur énervée et du vice paresseux et mou; le fils de la nature enfin semblable dans ses égarements à un furieux, mais l'élève de la civilisation raffinée, trop souvent tombé au niveau du misérable. Et si, étendant ce point de vue social à l'Europe elle-même qui n'est qu'une société d'États, nous cherchons à nous rendre compte de la situation générale de l'Europe, n'est-il pas vrai que vous y lirez presque partout et sur bien des points en caractères sanglants la victoire de la force sur le droit?

Cessons donc de répéter que la centralisation politique fait la gloire de la France. Sachons du moins distinguer ses avantages et ses inconvénients. Ne confondons pas le mal de l'esprit moderne avec son progrès, et, pour combattre efficacement ce mal, opposons-lui le seul remède efficace, la liberté.

Mais, Messieurs, lorsque les âmes sont minées par des théories énervantes, on voit se produire l'abaissement et la dégradation, non-seulement des doctrines littéraires, mais aussi des doctrines politiques. La Grèce a connu cet abaissement intellectuel à l'époque de ses maîtres qu'une appellation peu exacte a fait surnommer les tyrans, et Rome a vu sous l'empire s'épuiser et s'effacer rapidement ces fortes maximes qui avaient fait sa grandeur politique. La raison moderne est-elle destinée à subir une semblable éclipse : nous ne le croyons pas. Nous pensons au contraire qu'elle se réveillera plus forte. Mais le sommeil de l'esprit public n'en est pas moins profond, et l'indifférence pour l'erreur ou la vérité politique est un des signes du temps. Cette tolérance maladive a toujours engendré la sophistique, et c'est une observation vérifiée par l'histoire que cette maladie de la pensée attaque le corps social et que le mal de la raison engendre le péril de la liberté. C'est ainsi que dans ce pays qui s'enorgueillissait d'avoir une littérature politique, vigoureuse et forte, on a vu fleurir depuis quelques années des doctrines politiques d'un autre genre et auxquelles nous donnerons tout à l'heure leur véritable nom.

Quoi qu'il en soit, ces doctrines sont enseignées de haut, par la voie de la presse, ou dans des discours étudiés, où l'on nous dit de nous défier des importations anglaises et de bien nous pénétrer de la salutaire doctrine de la séparation radicale, absolue, de l'autorité et de la liberté.

Cette doctrine sur les rapports de l'autorité et de la liberté, ainsi revêtue des livrées de la politique, fait une certaine figure dans le monde, et comme elle me paraît caractériser nettement ce qu'il faut entendre par un sophisme politique, je vous demande la permission de l'analyser brièvement, après l'avoir toutefois citée dans le texte.

« Comparant l'organisation de la société anglaise avec la nôtre, nous dit le personnage politique dont je parle, j'avais conclu que, puisque chez nous les fonctions de l'autorité étaient confiées, non pas au corps électoral lui-même comme en Angleterre, mais à une hiérarchie administrative constituée en dehors de ce corps, il était impossible d'établir chez nous les formes de la liberté anglaise sans subordonner l'autorité à la liberté, et les ruiner l'une par l'autre ; que cette considération capitale nous imposait donc l'obligation de fonder nos institutions sur la séparation de l'autorité et de la liberté, au lieu de les réunir dans les mêmes mains comme en Angleterre. C'était là tout mon discours.

« Assurément je n'avais pas la naïveté de croire que tous ceux qui ont été nourris et élevés dans les doctrines de l'école anglaise discuteraient avec impartialité une théorie qui condamne ces doctrines en France. Mais j'espérais apprendre au moins, par cette discussion, à quels arguments serait immolée la théorie que je venais d'exposer, et en ceci, j'ai été complétement désappointé ; car, entre tous les journaux français ou étrangers qui ont critiqué mes paroles, il ne s'en est pas trouvé un, pas un seul, qui ait touché à la thèse que j'ai exposée. Au lieu de considérer si la liberté en France peut être fondée sur la séparation et l'indépendance réciproque de l'autorité et de la liberté, c'est-à-dire sur l'impossibilité pour le pouvoir législatif d'absorber le pouvoir exécutif ou d'être absorbé par lui, on a trouvé plus commode de dénaturer le sens de mes paroles et de me prêter des idées ou des sentiments qui ne s'y trouvent ni directement ni indirectement.

« Comme la liberté fondée par l'empire n'est après tout qu'une application des théories formulées par Locke et Montesquieu, *il eût été cependant curieux* de voir des professeurs de libéralisme s'attaquer à la doctrine capitale de ces deux grands chefs du libéralisme moderne. *Rien n'eût été plus piquant* que la réfutation par l'école dite libérale du célèbre chapitre de *l'Esprit des lois*, où se trouvent exposées les conditions de la liberté chez tous les peuples [1]. »

[1] Lettre de M. de Persigny à M. le directeur de *la Presse*. Numéro du 9 octobre 1864.

J'ai relu ces lignes plus de vingt fois et, à chaque fois, j'étais frappé d'une nouvelle stupeur. Eh quoi! cette question si grave, si délicate des rapports de l'autorité et de la liberté, qui est tout le problème du temps présent, la voilà résolue d'un trait de plume par l'habile homme d'État dont je parle, et par l'autorité de Montesquieu qu'il cite à faux, mais qu'il met ainsi de son côté. Pour unir le pouvoir et la liberté dans une commune entente, il n'y a qu'un moyen, c'est de les séparer de plus en plus, de les mettre aux deux pôles, de leur défendre de s'approcher, de leur faire tourner le dos et de leur ordonner d'aller ainsi chacune son chemin, au risque de ne se rencontrer jamais. Voilà la solution du problème de l'autorité et de la liberté d'après Montesquieu!

Mais c'est là une vieille fable, qui a réjoui notre enfance, celle des deux horloges, parfaitement séparées, radicalement distinctes, sans rapports et sans influence possible, qui, par un accord tacite et merveilleux, marquent chacune la même heure : théorie ingénieuse, mais

fausse et décriée même en philosophie, très-
dangereuse en politique, lorsqu'elle est appli-
quée aux rapports de l'autorité et de la liberté.

Supposez, en effet, que l'une de ces horloges, l'horloge de la liberté, soit disposée de
manière à avancer toujours, et que l'autre, au
contraire, celle du pouvoir, soit prédisposée
par un secret mécanisme à retarder toujours :
qu'arrivera-t-il? que le pouvoir ne pourra ré-
sister à la tentation d'arrêter l'autre ou de la
faire marcher avec le doigt, afin de simuler un
accord trompeur pour des yeux prévenus ou
peu clairvoyants.

Si nous ne craignions d'être du côté de
l'horloge qui avance toujours, et de devancer
l'heure de discussion, il est une autre hypo-
thèse de cet homme d'État, dont nous vous
eussions dit un mot. Pour bien établir la
nécessité d'un pouvoir administratif fort et
d'une centralisation exagérée, il suppose un
affreux cataclysme, sévissant sur la classe administrative et n'épargnant aucun préfet, et il

se demande avec effroi ce que deviendrait la France avec des régions officielles ainsi dévastées.

Eh bien! au risque d'étonner beaucoup M. de Persigny, nous lui dirons ce qu'il paraît oublier, que sous cette France officielle aux mailles serrées, au réseau centralisateur, on verrait reparaître une autre France, dont il ne paraît pas assez se soucier, qu'il semble même ne pas voir, parce qu'elle est étouffée par cette végétation luxuriante, dont je parlais tout à l'heure, celle des notables et des principaux habitants des quarante mille communes de France, qui seraient de force à supporter cette épreuve et même, s'il le fallait absolument, à s'administrer eux-mêmes.

Mais laissons là ces singularités de la sophistique moderne, et revenons aux principes, à ces principes simples, clairs et éternellement vrais qui ne sont que le bon sens sous sa forme intuitive.

Vos débats de cette année, préparés par une

savante brochure de M. de la Pérouse [1], ont porté, Messieurs, sur l'un des problèmes les plus délicats de la pensée politique moderne, je veux dire l'accord de la centralisation et de la décentralisation politique et administrative.

C'est là un de ces problèmes que la liberté seule peut résoudre. Réfléchissez un instant au sens de ces deux mots : centralisation et décentralisation, et vous verrez qu'ils se ramènent forcément à quelques-uns de ceux-ci : autorité et liberté, pouvoir central et libertés locales, despotisme administratif et individualisme ou fédéralisme exagérés.

Si la tendance gouvernementale absolue conduit fatalement au despotisme, et si la tendance ultra-libérale aboutit à l'anarchie, il n'est pas moins évident que la centralisation exagérée favorise l'absolutisme, et que la décentralisation illimitée ne peut qu'aider les tendances anarchiques.

---

[1] *La Décentralisation,* par M. de la Pérouse, membre du conseil général de la Côte-d'Or.

Ce problème n'est donc pas de ceux qui puissent se résoudre par l'élimination d'un des deux termes qu'il comprend, mais au contraire par un accord, par une conciliation féconde de ces deux termes, qui ne sont pas moins nécessaires à la vie et à la marche des États que l'attraction et la répulsion, que la force qui éloigne les planètes de leur centre, et celle qui les ramène incessamment sur leur orbite, ne sont indispensables au système général du monde.

Cette discussion aura montré ce que nous voulons et ce que nous ne voulons pas, nous qui sommes partisans d'une décentralisation modérée, mais qu'on accuse trop souvent de vouloir une décentralisation illimitée.

Nous ne voulons pas de l'absorption de la liberté dans le gouvernement, mais nous ne voulons pas davantage de l'absorption du gouvernement dans la liberté. Fidèles à ces principes, nous ne repoussons pas cette décentralisation de certaines attributions que l'on veut nous donner, mais nous ne la croyons pas suffisante sans une décentralisation organique et un plus juste partage des fonctions du pouvoir et de celles de la liberté; nous ne voulons pas, comme on nous le reprochait hier, un brevet d'incapacité ou d'ignorance pour nos administrateurs, mais nous demandons de justes garanties contre cet esprit administratif, défiant de toute initiative individuelle, jaloux de tout progrès qui n'est pas son œuvre. Nous disons enfin, avec un illustre homme d'État, M. Thiers, que la centralisation est nécessaire à un grand pays comme la France pour lui procurer l'entière disponibilité de ses ressources; mais nous ajoutons avec le premier des publicistes, Tocqueville, que la décentralisation n'est pas moins indispensable pour travailler à la reproduction de ses ressources.

Enfin, Messieurs, il est une dernière chose que nous ne voulons pas, que nous ne voudrons jamais, c'est l'abaissement de l'esprit, c'est l'affaiblissement des caractères, c'est le règne des sophistes, c'est la diminution de la foi, foi politique ou religieuse, sans laquelle il ne se fait rien de grand. Et c'est pourquoi nous ne cesserons de réclamer, dans la mesure de nos forces, la décentralisation véritable, qui a son principe dans l'âme humaine, et qui n'est autre chose que la liberté sous sa forme pratique.

FIN.